## *Vorwort*

Der Winter ist fast überstanden, der Körper braucht neue Kraftreserven. Ganz besonders viel Energie liefern Shakes aus grünen Früchten und Gemüse. Die Abwehrstoffe werden gestärkt und ihr Körper kann sich auf den Sommer einstellen.
Mit dem kraftvollen Thermomix TM5 ist alles schnell gemixt. Alle Rezepte können aber auch mit den anderen Thermomix Geräten zubereitet werden.

ICH WÜNSCHE IHNEN VIEL SPASS BEIM NACHZAUBERN.

# Inhaltsangabe

*Vorwort*

Apfel Stangensellerie Shake
Salat Schnittlauch Shake
Avocado Kiwi Brokkoli Shake
Bananen Salat Shake
Petersilien Zitronen Shake
Gurken Chili Shake
Kiwi Apfel Shake
Weintrauben Gurken Shake
Honigmelonen Kiwi Shake

Nachtrag zum Impressum / Copyright

# Kiwi Bananen Shake

Zutaten
4 Kiwis, geschält
2 Bananen
1 EL Honig
1 Prise Zitronengras Pulver
200 g Mineralwasser

Zubereitung
Alles nacheinander in den Mixtopf einwiegen. Auf Stufe
10 / 20 Sekunden mischen. Alles mit dem Spatel nach
unten schieben und nochmals 20 Sekunden / Stufe 5.
Umfüllen und genießen.

## *Limetten Minze Shake*

Zutaten
4 Limetten, geschält
1 Hand voll Minzblätter, frisch
80 g Zucker
400 g Mineralwasser
10 Eiswürfel

Zubereitung
Alles nacheinander in den Mixtopf einwiegen. Auf Stufe
10 / 20 Sekunden mischen. Alles mit dem Spatel nach
unten schieben und nochmals 20 Sekunden / Stufe 5.
Umfüllen und genießen.

## *Granatapfel Spinat Shake*

Zutaten
500 g Buttermilch
Kerne von 2 Granatäpfeln
1 Hand voll Spinat, frisch
1 Prise Muskat
1 Prise Salz
50 g Zucker
Saft einer Zitrone

Zubereitung
Alles nacheinander in den Mixtopf einwiegen. Auf Stufe
10 / 20 Sekunden mischen. Alles mit dem Spatel nach
unten schieben und nochmals 20 Sekunden / Stufe 5.
Umfüllen und genießen.

## Pfefferminz Bananen Mango Shake

Zutaten
1 Hand voll Pfefferminz Blätter
2 Bananen, geschält
1 Mango, geschält und in Stücken
80 g Zucker
Saft einer Zitrone
500 g Joghurt
100 g Mineralwasser


Zubereitung
Alles nacheinander in den Mixtopf einwiegen. Auf Stufe
10 / 20 Sekunden mischen. Alles mit dem Spatel nach
unten schieben und nochmals 20 Sekunden / Stufe 5.
Umfüllen und genießen.

## Kopfsalat Shake

Zutaten
1/3 Kopf Salat
500 g Mineralwasser
½ TL Salz
1 Prise Pfeffer
2 EL Zucker
10 Eiswürfel
Saft einer Orange


Zubereitung
Alles nacheinander in den Mixtopf einwiegen. Auf Stufe
10 / 20 Sekunden mischen. Alles mit dem Spatel nach
unten schieben und nochmals 20 Sekunden / Stufe 5.
Umfüllen und genießen.

## Ananas Salat Shake

Zutaten
¼ Kopf Salat
Saft einer Orange
½ Ananas, geschält, in Stücken
80 g Zucker
500 g Buttermilch

Zubereitung
Alles nacheinander in den Mixtopf einwiegen. Auf Stufe
10 / 20 Sekunden mischen. Alles mit dem Spatel nach
unten schieben und nochmals 20 Sekunden / Stufe 5.
Umfüllen und genießen.

## Gurken Buttermilch Shake

Zutaten
1 Salatgurke
½ TL Dill, getrocknet
½ TL Salz
500 g Buttermilch

Zubereitung
Alles nacheinander in den Mixtopf einwiegen. Auf Stufe
10 / 20 Sekunden mischen. Alles mit dem Spatel nach
unten schieben und nochmals 20 Sekunden / Stufe 5.
Umfüllen und genießen.

### Grüner Apfel Bananen Shake

Zutaten
2 grüne Äpfel, in Stücken
1 Bananen, geschält
500 g Joghurt
1 TL Zitronensaft
100 g Mineralwasser
80 g Zucker

Zubereitung
Alles nacheinander in den Mixtopf einwiegen. Auf Stufe
10 / 20 Sekunden mischen. Alles mit dem Spatel nach
unten schieben und nochmals 20 Sekunden / Stufe 5.
Umfüllen und genießen.

## Waldmeister Buttermilch Shake

Zutaten
1 Hand voll Waldmeister Blätter
500 g Buttermilch
½ Bund Pfefferminz Blätter
200 g Mineralwasser
80 g Zucker
10 Eiswürfel

Zubereitung
Alles nacheinander in den Mixtopf einwiegen. Auf Stufe
10 / 20 Sekunden mischen. Alles mit dem Spatel nach
unten schieben und nochmals 20 Sekunden / Stufe 5.
Umfüllen und genießen.

## Kiwi Honigmelonen Shake

Zutaten
½ Honigmelone, geschält und in Stücken
4 Kiwis, geschält, in Stücken
500 g Joghurt
200 ml Orangensaft
60 g Zucker

Zubereitung
Alles nacheinander in den Mixtopf einwiegen. Auf Stufe
10 / 20 Sekunden mischen. Alles mit dem Spatel nach
unten schieben und nochmals 20 Sekunden / Stufe 5.
Umfüllen und genießen.

# Bananen Avocado Shake

Zutaten
2 Bananen, geschält, in Stücken
1 Avocado, geschält
50 g Haferflocken
50 g Mandeln
500 g Milch
80 g Rohrohrzucker

Zubereitung
Alles nacheinander in den Mixtopf einwiegen. Auf Stufe
10 / 20 Sekunden mischen. Alles mit dem Spatel nach
unten schieben und nochmals 20 Sekunden / Stufe 5.
Umfüllen und genießen.

## Kiwi Avocado Shake

Zutaten
4 Kiwis, geschält, in Stücken
1 Avocado, geschält
10 Eiswürfel
500 g Mineralwasser
80 g Rohrohrzucker

Zubereitung
Alles nacheinander in den Mixtopf einwiegen. Auf Stufe 10 / 20 Sekunden mischen. Alles mit dem Spatel nach unten schieben und nochmals 20 Sekunden / Stufe 5. Umfüllen und genießen.

## Grünkohl Apfel Shake

Zutaten
1 Hand voll Grünkohl, frisch
4 grüne Äpfel, in Stücken
500 g Buttermilch
Saft einer Zitrone
10 Eiswürfel
80 g Rohrohrzucker

Zubereitung
Alles nacheinander in den Mixtopf einwiegen. Auf Stufe
10 / 20 Sekunden mischen. Alles mit dem Spatel nach
unten schieben und nochmals 20 Sekunden / Stufe 5.
Umfüllen und genießen.

## *Rosenkohl Shake*

Zutaten
200 g Rosenkohl, frisch
Saft einer Zitrone
500 g Mineralwasser
10 Eiswürfel
20 g Rohrohrzucker

Zubereitung
Alles nacheinander in den Mixtopf einwiegen. Auf Stufe
10 / 20 Sekunden mischen. Alles mit dem Spatel nach
unten schieben und nochmals 20 Sekunden / Stufe 5.
Umfüllen und genießen.

## *Apfel Stangensellerie Shake*

Zutaten
2 Äpfel, in Stücken
2 Stangen Sellerie
20 g Rucola Salat
500 g Apfelsaft
200 g Orangensaft

Zubereitung
Alles nacheinander in den Mixtopf einwiegen. Auf Stufe
10 / 20 Sekunden mischen. Alles mit dem Spatel nach
unten schieben und nochmals 20 Sekunden / Stufe 5.
Umfüllen und genießen.

## Salat Schnittlauch Shake

Zutaten
1 Hand voll Salat, frisch
½ Bund Schnittlauch
500 g Apfelsaft
200 g Mineralwasser
10 Eiswürfel

Zubereitung
Alles nacheinander in den Mixtopf einwiegen. Auf Stufe
10 / 20 Sekunden mischen. Alles mit dem Spatel nach
unten schieben und nochmals 20 Sekunden / Stufe 5.
Umfüllen und genießen.

## Avocado Kiwi Brokkoli Shake

Zutaten
1/2 Bund Brokkoli
1 Avocado, geschält, in Stücken
Saft einer Zitrone
4 Kiwis, geschält
500 g Apfelsaft
300 g Orangensaft

Zubereitung
Alles nacheinander in den Mixtopf einwiegen. Auf Stufe
10 / 20 Sekunden mischen. Alles mit dem Spatel nach
unten schieben und nochmals 20 Sekunden / Stufe 5.
Umfüllen und genießen.

## Bananen Salat Shake

Zutaten
2 Bananen, in Stücken
1 Hand voll Salat
600 g Apfelsaft

Zubereitung
Alles nacheinander in den Mixtopf einwiegen. Auf Stufe
10 / 20 Sekunden mischen. Alles mit dem Spatel nach
unten schieben und nochmals 20 Sekunden / Stufe 5.
Umfüllen und genießen.

## Petersilien Zitronen Shake

Zutaten
1/2 Petersilie
Saft von 2 Zitronen
500 g Mineralwasser
50 g Zucker
10 Eiswürfel


Zubereitung
Alles nacheinander in den Mixtopf einwiegen. Auf Stufe
10 / 20 Sekunden mischen. Alles mit dem Spatel nach
unten schieben und nochmals 20 Sekunden / Stufe 5.
Umfüllen und genießen.

## Gurken Chili Shake

Zutaten
2 Gurken, in Stücken
1 Prise Chili
1 Liter Buttermilch
1 Prise Salz
Saft einer Zitrone

Zubereitung
Alles nacheinander in den Mixtopf einwiegen. Auf Stufe
10 / 20 Sekunden mischen. Alles mit dem Spatel nach
unten schieben und nochmals 20 Sekunden / Stufe 5.
Umfüllen und genießen.

## Kiwi Apfel Shake

Zutaten
2 grüne Äpfel, in Stücken
4 Kiwis, geschält
500 g Apfelsaft

Zubereitung
Alles nacheinander in den Mixtopf einwiegen. Auf Stufe 10 / 20 Sekunden mischen. Alles mit dem Spatel nach unten schieben und nochmals 20 Sekunden / Stufe 5. Umfüllen und genießen.

## Weintrauben Gurken Shake

Zutaten
300 g Weintrauben
1 Salatgurke
600 g Traubensaft
Saft einer Zitrone

Zubereitung
Alles nacheinander in den Mixtopf einwiegen. Auf Stufe
10 / 20 Sekunden mischen. Alles mit dem Spatel nach
unten schieben und nochmals 20 Sekunden / Stufe 5.
Umfüllen und genießen.

## Honigmelonen Kiwi Shake

Zutaten
1 Honigmelone, in Stücken
4 Kiwis, in Stücken
600 g Bananensaft
100 g Kokosmilch

Zubereitung
Alles nacheinander in den Mixtopf einwiegen. Auf Stufe
10 / 20 Sekunden mischen. Alles mit dem Spatel nach
unten schieben und nochmals 20 Sekunden / Stufe 5.
Umfüllen und genießen.

## Nachtrag zum Impressum / Copyright

Fotomaterial
Shutterstock.com

Herstellung und Verlag:
BoD - Books on Demand, Norderstedt
ISBN 978-3-7347-7253-5